Klaus Geppert
**Die Peinliche Halsgerichtsordnung Karls V. von 1532**

Schriftenreihe der Juristischen
Gesellschaft zu Berlin

—

Heft 204

Klaus Geppert

# Die Peinliche Halsgerichtsordnung Karls V. von 1532

—

DE GRUYTER

Prof. Dr. *Klaus Geppert*,
emeritierter Hochschullehrer der FU Berlin, langjähriger Richter am Kammergericht im Nebenamt und ehemaliger Präsident der Juristischen Gesellschaft zu Berlin (2003–2018)

ISBN 978-3-11-171952-8
e-ISBN (PDF) 978-3-11-171968-9
e-ISBN (EPUB) 978-3-11-171992-4
DOI https://doi.org/10.1515/9783111719689

Dieses Werk ist lizenziert unter einer Creative Commons Namensnennung - Nicht-kommerziell - Keine Bearbeitung 4.0 International Lizenz. Weitere Informationen finden Sie unter https://creativecommons.org/licenses/by-nc-nd/4.0/.

**Bibliografische Information der Deutschen Nationalbibliothek**
Die Deutsche Nationalbibliothek verzeichnet diese Publikation in der Deutschen Nationalbibliografie; detaillierte bibliografische Daten sind im Internet über http://dnb.dnb.de abrufbar.

© 2025 bei den Autoren, publiziert von Walter de Gruyter GmbH, Berlin/Boston,
Genthiner Straße 13, 10785 Berlin
Dieses Buch ist als Open-Access-Publikation verfügbar über www.degruyter.com.

www.degruyter.com
Questions about General Product Safety Regulation:
productsafety@degruyterbrill.com

# Inhalt

**Einleitung —— 1**

**I. Entstehungsgeschichte und geschichtlicher Hintergrund —— 3**

**II. Blick ins materielle Strafrecht —— 7**

**III. Blick ins Verfahrensrecht —— 12**

**IV. Entwicklung seit 1532 bis zum Inkrafttreten des StGB von 1871 und der StPO von 1877 —— 18**

**Zum Autor —— 21**

**Schriftenreihe der Juristischen Gesellschaft zu Berlin —— 22**

# Einleitung

Das Verständnis für jedes Recht erschließt sich letztlich nur aus seiner Geschichte, was in besonderem Maße für das Straf- und Strafverfahrensrecht gilt. Vor diesem Hintergrund ist daran zu erinnern, dass speziell das deutsche Strafverfahrensrecht in seiner jahrhundertealten Geschichte zweimal ganz entscheidende Impulse von außen erfahren hat: zum ersten Mal durch die sog. **Rezeption**, d. h. durch die Übernahme fremder, vor allem aus dem römisch-kanonischen Recht hervorgegangener spätmittelalterlicher Rechtsgedanken und Rechtseinrichtungen, wie sie im hohen Mittelalter mit der juristischen Schulung staatlicher Amtswalter in den oberitalienischen Universitäten begonnen hat und ihren Höhepunkt in Deutschland dann im ausgehenden 15. zum 16. Jahrhundert erreichte[1]. Der zweite maßgebliche Impuls aus dem Ausland erfolgte gut drei Jahrhunderte später im Lauf des 19. Jahrhunderts durch die **Übernahme moderner Prozessgrundsätze** (Öffentlichkeit und Mündlichkeit des Verfahrens, Beseitigung der Kabinettsjustiz, Einführung einer vom Gericht getrennten Staatsanwaltschaft), wie sie letztlich fast alle über das nachrevolutionäre Frankreich und aus England zu uns herüberkamen. Auf diesen beiden monumentalen Beinen beruht in maßgeblicher Weise denn auch unsere heutige Strafrechtsordnung.

Für den Bereich der Rezeption – und nur um diesen soll es hier gehen! – steht für den strafrechtlichen Bereich in markanter Weise als erste reichseinheitliche Strafrechtsordnung die „**Peinliche Halsgerichtsordnung**"[2] des Jahres 1532, von der wir auch für heute noch Wissens- und vielleicht auch Nachdenkenswertes zu erfahren hoffen. Zu Lebzeiten des Kaisers Karl V. (1500–1558) geschaffen, wurde sie –

---

Der Vortrag beruht im Wesentlichen – teils erweitert, teils gekürzt – auf meiner Veröffentlichung in JURA 2015, 143 ff. Zu diesem Thema s. aus meiner Feder auch schon „Die CAROLINA, der Beweis vom Hörensagen und der Bundesgerichtshof", in: „Juristen werdent herren uf erden": Recht – Geschichte – Philologie (Colloquium zum 60. Geburtstag von Friedrich Ebel), herausgegeben von Andreas Fijal, Hans-Jörg-Leuchte und Hans-Jochen Schiewer, Göttingen 2006, S. 27 bis 47.
Wertvoll zum Thema in allerjüngster Zeit – mir jedoch erst nach Fertigstellung dieses Vortrages bekanntgeworden und folglich weder im Vortrag noch in den Fußnoten berücksichtigt – die Ausführungen von Georg Steinberg in seinem Lehrbuch „Deutsche Strafrechtsgeschichte" (Böhlau-Verlag 2023), dort S. 39 ff.

1 Weiterführend dazu vor allem Eberhard Schmidt, Einführung in die Geschichte der deutschen Strafrechtspflege (3. Aufl. 1963: Nachdruck 1983), S. 107 ff.
2 „*Hals*gerichtsordnung", weil sie ausweislich ihrer Einleitung bewusst als „*peinlich* gerichtsordnung", also erklärtermaßen nur als Strafgerichtsordnung gedacht war; ihr allerletzter Satz am Ende von Art. 219 sprach denn auch ausdrücklich nochmals vom „Ende des *peinlichen halßgerichts*".

obgleich in mittelhochdeutscher Sprache verfasst[3] – nach dessen Namen auch die **"(Constitutio Criminalis) Carolina"** genannt. Am Rande vermerkt: Karl V., das ist jener Kaiser des Heiligen Römischen Reiches Deutscher Nation, der seit seiner Ernennung zum König von Spanien (1516) auch über Spanien und dessen Nebenlande einschließlich der neuen Kolonien in Südamerika sowie nach dem Tod seines Großvaters Maximilian I. (1519) auch über alle habsburgischen Erblande in Österreich, Vorderösterreich und den Niederlanden geherrscht hat und somit nach eigenem Ausspruch Herrscher „eines Landes (war), in dem die Sonne nicht unterging".

---

3 Der Urtext der CAROLINA ist in zwei bei Reclam veröffentlichten Texten nachzulesen: Heft 2990/90 a (1967), herausgegeben und erläutert von Gustav Radbruch, sowie Heft 18064 (2000), herausgegeben und erläutert von Friedrich-Christian Schroeder.

# I. Entstehungsgeschichte und geschichtlicher Hintergrund

Vorweg noch einmal kurz zu dem erwähnten 19. Jahrhundert, wo für den strafrechtlichen Bereich als Erfolge der damaligen europaweiten Reformbewegung in Deutschland bekanntlich das Reichs-StGB von 1871 sowie die Reichs-StPO von 1877 zu nennen sind. Ebenso wie diese beiden markanten Gesetze im letzten Drittel des 19. Jahrhunderts eine lange Phase rechtlicher Zersplitterung beseitigt und mit *Bismarcks* politischer Einigung Deutschlands damals auch die Rechtsvereinheitlichung geschaffen haben, hat auch die Carolina gut 300 Jahre zuvor nach langem Ringen zwischen dem Kaiser, den Reichsständen und den territorialen Fürsten und Fürstbischöfen die erste reichseinheitliche Kodifikation im Straf- und Strafprozessrecht zustande gebracht. Weil Gesetze aber immer auch das Ergebnis ihrer Zeit sind, von hier aus einführend zunächst zum **geschichtlichen Hintergrund** und zur **Entstehungsgeschichte der Carolina**, die *Eberhard Schmidt*, der Altmeister der deutschen Strafrechtsgeschichte, mit vollem Recht als „bewunderungswürdiges"[1] und *Friedrich-Christian Schroeder* als „herausragendes Denkmal der deutschen Rechtsgeschichte"[2] vielgelobt haben:

1. Über die an den oberitalienischen Rechtsschulen und Universitäten (zunächst und vor allem Bologna, dann aber auch Padua, Perugia und Siena) ausgebildeten deutschen Scholaren kam etwa ab Mitte des 13. Jahrhunderts das kanonisch-italienische („keyserliche") Recht auch nach Deutschland[3]. Der dort ausgebildete juristische Nachwuchs besetzte zunehmend auch die Richterstellen und war verständlicherweise bestrebt, das „fremde" Recht auch in der Praxis seiner neuen Wirkungsstätte durchzusetzen[4]. Von hier aus kam es im Lauf der Zeit gerade im Bereich der Strafrechtspflege zu einem heillos verwirrenden und auf Dauer unerträglichen Zustand, waren auf deutschem Boden letztlich doch nicht weniger als drei verschiedene Prozessformen in Übung: (1) der **akkusatorische Parteien-Rechtsgang altdeutscher Prägung** (mehr Parteienbetrieb und letztlich ohne

---

1 Geschichte der deutschen Strafrechtspflege (o. Fn. 2) S. 109.
2 Die Peinliche Gerichtsordnung Kaiser Karls V. und des Heiligen Römischen Reichs von 1532 (o. Fn. 4), S. 205.
3 Als „keyserliches" Recht erhob das kanonisch-italienische Recht Anspruch auf Geltung innerhalb des gesamten Heiligen Römischen Reiches Deutscher Nation: vgl. Henkel, Strafverfahrensrecht (2. Aufl. 1968), S. 38.
4 Weiterführend vor allem Eberh. Schmidt (o. Fn. 2), S. 76 ff; zusammenfassend auch Friedrich Ebel, Rechtsgeschichte Band II: Neuzeit (1993), Rdn. 545 ff.

ernsthafte eigene Tatsachenermittlung: Gottes- und Reinigungseide usw.), (2) der **mittelalterlich-deutsche Inquisitionsprozess in seiner noch rudimentären Prägung** (Verfahren von Amtswegen, Untersuchung und Richter in *einer* Person und vorsichtig-zaghafter Beginn einer rationalen Erforschung der materiellen Wahrheit, wobei vor allem dem Geständnis besondere Bedeutung zukam und zu dessen Erzielung ggf. auch die Folter – eben die „peinliche Frage" – eingesetzt werden konnte)[5]. (3) In immer größerem Umfang kam schließlich eben auch der **kanonisch-italienische Inquisitionsprozess neuer Form**, wie er in der Carolina seine letztlich über Jahrhunderte gültige Form gefunden hat. Dieser Dreikampf verschiedener Verfahrensformen erwies sich nicht zuletzt auch deshalb als untragbar, weil gerade das 15. und das 16. Jahrhundert aus unterschiedlichsten Gründen eine Zeit größter Unruhen war: Wirren religiöser Art, diverse Ketzerbewegungen, die wohl mit *Hus* und seiner Verbrennung auf dem Konzil von Konstanz (1415) ihren Höhepunkt hatten, Glaubenskriege im Verlauf von Reformation und Gegenreformation (1517, Martin Luther nagelt seine 95 Thesen an die Tür der Schlosskirche in Wittenberg) sowie die Bauernkriege in Süddeutschland, wofür die Namen *Florian Geyer* und der vielzitierte *Götz* stehen und die gewiss nicht nur auf die bäuerliche Unzufriedenheit zurückzuführen, sondern als Ausbruch allgemeiner Volksunzufriedenheit zu werten sind. Kurz[6]:

Die Ratlosigkeit, mit der die zu einem Schuldspruch berufenen „*urtheiler*" (Schöffen) nach dem Ende des altgermanischen Rechtsgangs und der Aufnahme des neuen römisch-kanonischen Beweisrechts unterschiedlichster Spielarten dem neuen Strafverfahren gegenüberstanden, der große Mangel an geschriebenem Recht und nicht zuletzt die Verschiedenheit der in den vielen kleinen Staaten geltenden unterschiedlichsten Strafen- und Strafverfahrenssysteme hatten im bösen Zusammenwirken mit den traurigen politischen Zuständen Deutschlands zu einer ungeheuren Verwirrung im Rechtsleben jener Zeit geführt. Das Fehdewesen war zu neuer Blühte erstarkt. Reform tat not!

2. Bei derart unstabilen Staatsgewalten und in einer Zeit größter sozialer Umbrüche wird der Ruf nach dem Strafrecht – das war vor nun bald 500 Jahren nicht viel anders als heute! – laut und lauter. So hat denn, um nunmehr die eigentliche

---

5 Ob diese dem traditionellen Rechtsgang altfränkischer Art widersprechende neue Form eines Inquisitionsverfahrens sich letztlich schon vor der erst später erfolgenden Übernahme des fremden Rechts durch die Rezeption (Übergang vom 15. zum 16. Jahrhundert) durchgesetzt hat, ist nicht ganz unbestritten: so aber vor allem Eberh. Schmidt (o. Fn. 2), S. 86 ff; vgl. auch Ebel (o. Fn. 6), Rdn. 553.
6 So zusammenfassend schon eine Berliner Dissertation aus dem Jahre 1904: Schoetensack, Der Prozess der Carolina (1904), S. 2.

**Entstehungsgeschichte der Carolina** kurz zu beleuchten[7], das im Jahre 1495 im Zuge der Maximilianischen Reichsreform gegründete Reichskammergericht nachdrücklich auf Schaffung einer wie immer gearteten rechtlichen Ordnung gedrängt. Die einzelnen nachfolgenden Reichsversammlungen aufzuzählen und wann und weshalb es nicht schneller zu einer Lösung kam, ist müßig. Doch war mit der „Peinlichen Halsgerichtsordnung" des Fürstbischofs von Bamberg aus dem Jahre 1507 (der sog. „Bambergensis") – einer Schöpfung von *Johann Freiherrn zu Schwarzenberg und Hohenlandsberg*, von dem noch zu sprechen sein wird – eine Vorlage vorhanden, an der man sich orientieren konnte und die im Jahre 1516 als „Brandenburgische Halsgerichtsordnung" zudem auch in den Brandenburgischen Fürstentümern Ansbach und Bayreuth eingeführt worden war. Auf dem Reichstag von Regensburg (1532) gelang es dann endlich, die Bedenken einzelner Fürsten zu überwinden, die ihre althergebrachten territorialen Rechtsprivilegien in Gefahr sahen. Es gelang dies mit Hilfe jener bekannten **„Salvatorischen Klausel"**, wie man sie dann auch in den Art. 104 und 105 der Carolina finden kann. Dort wurde den Bedenken der Reichsstände nämlich dadurch Rechnung getragen, dass *„den Churfürsten, Fürsten und Stenden an jren alten wohlherbrachten rechtmessigen und billichen gebreuchen nichts benommen"* werde, womit der Carolina ausdrücklich an sich nur subsidiäre Geltung zugesprochen wurde. Gleichwohl enthält die Carolina keineswegs einen Freibrief zu genereller territorialer Abweichung: zum einen, weil jedenfalls nur die althergebrachten *„rechtmessigen und billigen gebreuche"* aufrechterhalten werden; dann aber auch, weil an anderer und sehr viel späterer Stelle – nämlich ganz am Ende in Art. 218 – kasuistisch einzelne Partikularrechte aufgezählt sind, die als *„missbreuche und böse vnuernünfftigen gewohnheyten, so an etlichen orten vnd enden gehalten"* und aus diesem Grund durch das insoweit an sich vorrangige *„keyserliche"* Recht obsolet werden, also gerade nicht mehr angewendet werden dürfen. Man wird in einer solchen Regelung wohl hohe Schule und nachgerade eine Raffinesse gesetzgeberischer Formulierungskunst erkennen können!

Ein letztes Wort zur Entstehungsgeschichte: Gewiss ist die Carolina kein Gesetz moderner Art und natürlich auch nicht nach Art heutiger Gesetzesmethodik konzipiert und strukturiert. Sie ist aber auch nicht nur bloße Empfehlung oder auch nicht nur Lehr- oder Handbuch; weil sie ausweislich ihrer förmlichen Einleitung *„cum gratia et privilegio Imperiali"*, also mit ausdrücklicher Ermächtigung *„des allerdurchleuchtigsten großmechtigsten unüberwindtlichsten Keyser Karls des fünfften vnnd des heyligen Römischen Reichs ... auf den Reichßtägen zu Augspurgk*

---

[7] Ausführlich dazu vor allem Kleinheyer, Tradition und Reform in der Constitutio Criminalis Carolina, in: Strafrecht, Strafprozess und Rezeption. Grundlagen, Entwicklung und Wirkung der CCC, herausgegeben von Peter Landau und Friedrich-Christian Schroeder (1984), S. 7 ff.; dazu auch Schoetensack (o. Fn. 10), S. 2 ff und Radbruch (o. Fn. 4), S. 3 ff.

*vnd Regenspurgj inn jaren dreissig vnd zwey vnd dreissig gehalten, auffgericht vnd beschlossen"* wurde, beansprucht sie nicht nur nach ihrem Inhalt, sondern auch nach der Art ihrer Verabschiedung (ausdrückliche Druckanweisung des Kaisers!) mit vollem Recht den Rang, den wir heute einem parlamentarischen Gesetz zubilligen.

3. Weil Gesetze aber nicht nur Ausdruck ihrer Zeit, sondern auch das Werk von Menschen dieser Zeit sind, ein knappes Wort zur Person von *Johann Freiherr von und zu Schwarzenberg und Hohenlandsberg* (1465 bis 1528), der zu Recht als Schöpfer der Carolina gilt, obgleich er bei der Verabschiedung dieses Gesetzeswerkes im Jahre 1532 nicht mehr am Leben war[8]:

Fränkisches Adelsgeschlecht, als junger Mann zunächst an verschiedenen kriegerischen Unternehmungen von Kaiser Maximilian I. beteiligt. Standesübliche Erziehung, kein gelehrter Jurist, konnte also auch kein Latein. Zum sprachgewaltigen Schöpfer monumentaler Gesetzeswerke wurde er nicht durch seine schulmäßige Ausbildung, sondern durch Erfahrung in rund zwanzigjährigen Diensten am Hof des bambergischen Fürstbischofs; als oberster weltlicher Amtsträger war er zuletzt auch Vorsitzender des dortigen Hofgerichtes. So kam es – versteht sich: mit Hilfe ihm zugeordneter gut ausgebildeter junger Juristen – zunächst zur Bambergensis (1507), wo es wohl vor allem der Autorität dieser seiner dortigen Ämter zu danken war, dass es in dem relativ kleinen Fürstentum Bamberg so schnell zur Verabschiedung dieses Gesetzes kam. Nach Inhalt und seiner ganzen Anlage nach war dieses Werk weniger als Werk für Juristen, sondern in sorgfältiger Beachtung des überlieferten Brauchtums vor allem für den Gebrauch von Laienrichtern und zu deren Unterrichtung gedacht. Im Dienste noch des Bamberger Fürstbischofs auch Mitglied auf den Reichstagen von Worms (1521) und dann nochmals auf dem Reichstag von Nürnberg (1524), starb *Schwarzenberg* – als Anhänger von Luther damals eingebettet in das Kampfgetümmel von Reformation und Gegenreformation (einer seiner Söhne gehörte zum engagierten Lager der Gegner) – im Jahre 1528. So konnte er nicht mehr miterleben, wie sein gesetzgeberisches Kind – die Bambergensis – im Jahre 1532 zum erklärten Vorbild der Carolina und dort in weiten Passagen wortwörtlich übernommen wurde.

---

[8] Zu Person und Leben von Johann Freiherr zu Schwarzenberg und Hohenlandsberg vor allem Erik Wolf, Große Rechtsdenker der deutschen Geistesgeschichte (1944), S. 92 ff.; s. auch Eberh. Schmidt (o. Fn. 2), S. 108 ff. und Radbruch (o. Fn. 4), S. 6 ff.

## II. Blick ins materielle Strafrecht

Es kann nun nicht darum gehen, den Inhalt der Carolina wenn auch nur in groben Zügen nachzuzeichnen, wohl aber darum, an Hand einzelner Aspekte darüber nachzudenken, worin das maßgeblich Neue oder auch nur besonders Wichtiges bestanden hat und wo wir im heutigen Straf – und Strafverfahrensrecht Elemente erkennen können, die schon in Kaiser Karls V. „Peinlicher Halsgerichtsordnung" angelegt waren. Obgleich die Carolina in erster Linie eine „Strafprozess"-Ordnung ist und das **materielle Strafrecht** eher nur am Rande erwähnt wird, möchte ich bei meiner Suche nach auffälligen Gemeinsamkeiten damit beginnen

1. und dabei zunächst im **„Besonderen Teil" des Strafrechts** ansetzen. Wer jetzt an Art. 103 Abs. 2 GG denkt und angesichts von „nullum crimen vel nulla poena sine lege" vermutet, dass dieses Prinzip aus dem römischen Recht stammt und von dort in die Carolina rezipiert wurde, liegt falsch; denn diese unser heutiges Strafrecht beherrschende Forderung ist erst ein Erfolg der liberalen Verfassungsbewegungen des 19. Jahrhunderts. Demgegenüber enthielt die Carolina in ihrem Art. 105 sogar eine **ausdrückliche Analogie-Erlaubnis**, nämlich: dass in *„vnbenannten und vnuerstendtlichen fellen ... am gemessigsten ... geurtheylt werden soll"*. Vor diesem Hintergrund begnügte sich die Carolina damit, nur beispielhaft einzelne Verbrechen, besser: einzelne Täter*typen* zu bezeichnen. Sie hat sich offenbar darauf verlassen, dass die Laienrichter nach altem Herkommen wohl erkennen können, wer z. B. einen *„diebstal"* (Art. 43) begangen hat, wann jemand wegen *„gestolnem gut"* (Art. 40) zur Verantwortung zu ziehen ist oder was unter einem *„brenner"* (Art. 125), einem *„rauber"* (Art. 126), einem *„meyneydt"* (Art. 107), unter *„nottzucht"* (Art. 110) oder einer *„gotteslesterung"* (Art. 106) zu verstehen ist. Häufig wie etwa in Art. 125 und 126 ist auch von *„bosshaftigkeit"* die Rede (Vorsatzerfordernis) und oft sind nähere Begehungsmodalitäten aufgeführt, die als solche erkennbar auf eine Tatbestandsbeschränkung hinauslaufen. Zu erwähnen sind insoweit allenfalls noch die *„etlich artickel vom diebstall"*, wo in den Art. 157 bis 175 die vielfältigsten Arten von Diebstahl – erstmalig oder Bagatellfälle *„under fünff gülden werth"*, Wiederholungstaten oder Diebstahl mittels Einsteigen, Einbruch oder mit Waffen – näher ausgeführt und dann auch mit unterschiedlichen Straffolgen belegt sind. Wer denkt hier nicht zwangsläufig an die heutigen §§ 243 und 244 StGB (besonders schwerer Fall des Diebstahls sowie Diebstahl mit Waffen, Bandendiebstahl, Wohnungseinbruchsdiebstahl)?

Besondere Aufmerksamkeit wird den **Tötungsdelikten** gewidmet (Art. 130 ff); dies ist ersichtlich dem Umstand geschuldet, dass es sich hierbei um ein besonderes Kriminalitätsphänomen der damaligen Zeit handelte. Wer etwa den **Art. 137 CCC** aufschlägt, wird zwangsläufig an die heutigen §§ 211 und 212 StGB mit ihrer heiklen Abgrenzung zwischen Mord und Totschlag denken, mit der sich nicht nur unsere Jura-Zweitsemester in ihren Anfänger-Übungen, sondern inzwischen schon viele Jahrzehnte lang auch die deutschen Strafgerichte plagen müssen und bezüglich derer sich seit langem – bisher noch vergeblich – bekanntlich auch der Deutsche Bundestag bemüht. Dort ist von *„mörder oder todtschläger"* die Rede und dem *„fürsetzlichen mutwilligen mörder"*, der mit dem besonders ehrabschneidenden Tod durch Rädern zu bestrafen ist, wird der *„todtschläger"* gegenübergestellt, der *„auß gecheyt und zorn gethan"*, d.h. aus Jähzorn gehandelt hat und dem der weniger ehrenrührige Tod durch das Schwert zugedacht ist. Dies ist im Übrigen eine der wenigen Stellen in der Carolina, bei denen der Rückgriff *Schwarzenbergs* auf das römisch-italienische Recht am deutlichsten zu erkennen ist, kannte dieses doch die Unterscheidung zwischen der mit „propositum", d.h. mit kalter Überlegung durchgeführten und der einem „impetus", d.h. einem situationsgebundenem Angriff entsprechenden Tötung[9].

2. Auch zum **„Allgemeinen Teil" des Strafrechts** dürfen wir in der Carolina natürlich keine umfassende Dogmatik erwarten, in dem für alle Taten gültige Strafbarkeits- und Begehungsmodalitäten systematisch aufbereitet und erläutert sind. Gleichwohl sind wir auch hier erstaunt, dass und in welchem Umfang die von einer Lynchjustiz oft kaum zu unterscheidende verwilderte Strafrechtspflege damaliger Zeit durch die Carolina – jedenfalls in der Theorie! – auf ein neues Niveau gehoben wird oder jedenfalls gehoben werden sollte. Einmal mehr sind die Anklänge an das „gelehrte" kanonisch-oberitalienische Recht hier unverkennbar[10].

Nachfolgend dafür drei Beispiele für diesen wenn auch vorsichtigen, doch nicht zu verkennenden rechtsdogmatischen Fortschritt:

(1) In Art. 146 etwa wird sehr wohl schon **zwischen Vorsatz und Fahrlässigkeit differenziert**. So wird im Falle einer Tötung ausdrücklich danach gefragt, ob die Tat etwa nur *„von ungeschichten gantz ungeheuerlicher weiß und wider des thätters willen"* geschehen ist (Übersetzungshilfe: *„ungeheuerlich"* = unabsichtlich; *„von ungeschichten"* = aus Ungeschick, durch unglückliche Umstände).

(2) Eindrucksvoll auch Art. 178, wo es um die **Strafbarkeit des Versuchs** geht. Danach soll auch bestraft werden, wessen Vorsatz (*„böser will"*) zwar auf Tatbegehung und Erfolgsherbeiführung gerichtet war und in äußerlich wahrnehmbaren Handlungen zum Ausdruck gekommen ist (*„mit etlichen scheinlichen wercken, die zu volnbringung der selben missethat dienstlich sein mögen"*), dieses

---

9 Hierzu wiederum vor allem Eberh. Schmidt (o. Fn. 2), S. 115 ff.
10 Auch dazu schon Eberh. Schmidt (o. Fn. 2), S. 117 ff.

Wollen durch äußere Umstände aber nicht zur Vollendung kam (*„doch an volnbringung der selben missethat durch andere mittel wider seinen willen verhindert würde"*). Wer sieht in dieser Formulierung nicht sofort den § 22 unseres heutigen StGB, wonach strafbar ist, wer „nach seiner Vorstellung von der Tat zur Verwirklichung des Tatbestandes unmittelbar ansetzt"?

(3) In Art. 177 schließlich geht es um **Mitwirkung mehrerer an einer Straftat**, nämlich um die – das sei vorweg gesagt: nur vorsätzlich, d. h. *„wissentlicher und geuerlicher weiß"* geleistete! – Mitwirkung an der Tat eines anderen. Zwar ist hier offenbar nur die Beihilfe (*„einicherley hilff, beistandt oder fürderung"*) angesprochen; doch dem Zusammenhang nach geht es hier um Teilnahme an fremder Haupttat schlechthin und damit auch um Anstiftung und Mittäterschaft. Damals wie auch heute ist jedoch nur die Anstiftung/Beihilfe zu *vorsätzlicher* Haupttat unter Strafe gestellt. Zudem wird den *„urtheilern"* (den Schöffen) ausdrücklich aufgegeben, in der schriftlichen Urteilsbegründung genau anzugeben, wo genau das beanstandete Fehlverhalten (*„verhandlung"*) bestanden hat: auch dies fürwahr ein deutlicher Fortschritt in der Dogmatik staatlichen Strafens!

3. Zur Dogmatik des Strafens gehört natürlich auch und letztlich zuvorderst die Frage, worin denn nun die *„peinlich straff"* besteht, von der Karls V. Peinliche Halsgerichtsordnung ihren Namen erhalten hat. Zum **Strafensystem der Carolina** immerhin so viel:

a) Die Carolina kennt **außer der Todes- letztlich nur Leibesstrafen. Geldstrafen** gehören nicht zu den *„peinlichen Strafen"*, werden in der Carolina vielmehr als *„geltbuß"* bezeichnet und sind als solche auch nicht an den Staat, sondern z. B. beim ersten heimlichen Diebstahl (Art. 157) als doppelter Wertersatz (*„zwispil"*) und beim ersten offenen Diebstahl (Art. 158) als vierfacher Schadenersatz (*„vierfeltig bezalen"*) an den Verletzten zu leisten. Nebenbei, doch ebenfalls recht interessant: Kann der Täter diesen Betrag nicht aufbringen, tritt nach Art. 157 *„kercker ... etlich zeitlang"* an diese Stelle, letztlich eine Art früher Ersatzfreiheitsstrafe nach Maßgabe des heutigen § 43 StGB.

Die Todes- und Leibesstrafen der Carolina entsprechen in ihrer uns Heutigen nachgerade unvorstellbaren Härte der Grausamkeit ihres Zeitalters, stehen aber gleichwohl deutlich über der verwilderten Lynchjustiz ihrer Zeit. Die mannigfache Vielfalt der **Todesstrafe** wird in den Art. 192 ff protokollscharf beschrieben. Da wird nicht nur mit dem Schwert, dem Feuer oder dem Galgen vom Leben zum Tod befördert; da wird auch geviertelt (*„durch seinen gantzen leib zu vier stücken zu schnitten und zerhawen"*), gerädert, ertränkt, lebendig begraben oder gepfählt oder *„vor der tödtung mit glüenden zangen gerissen"* und vieles andere mehr.

Und ähnlich phantasievoll war die damalige Zeit auch beim Erfinden von **Leibesstrafen.** Ausweislich der Art. 196 ff. sollten verurteilte Missetäter an den

Pranger gestellt oder „*ins Halßeisen gestelt*", die Zunge, beide Ohren oder ganz bestimmte Finger abgeschnitten werden und wiederum vieles anderes mehr. Wir Heutigen sollten uns gleichwohl nicht über dieses Zerrbild staatlichen Strafens erheben, sondern den Mut *Schwarzenbergs* und seiner Mitstreiter respektieren, diese Grausamkeit nicht nur reglementieren, sondern nach Eigenart der strafwürdigen Verfehlung der Tatsituation und der Person des Täters anpassen und ihr gerecht werden zu wollen: schon damals – wie man wohl vermuten darf – gegen die vielzitierte „herrschende Meinung".

**b)** Zu konstatieren ist allemal ein gewaltiger Fortschritt im Denken und im Verständnis für das, was mit staatlicher Strafe bezweckt wird. Erinnern wir uns, dass die Carolina immer wieder z.B. zwischen Vorsatz und Fahrlässigkeit differenziert, auf den Unverstand oder die Notlage des Täters hinweist und auch immer wieder eine Sonderbehandlung von Jugendlichen und Leuten anmahnt, die ihre Sinne nicht beieinanderhaben. Das Gesetz geht jedenfalls ersichtlich davon aus, dass – wie *Eberhard Schmidt* es schon früher auf den Punkt gebracht hat – „ein wie immer geartetes Dafürkönnen in jedem Einzelfall Voraussetzung gerechter Bestrafung ist"[11]. Demzufolge liegt die große Bedeutung der Bambergensis und ihr folgend der Carolina für *Eberhard Schmidt* mit vollem Recht besonders darin, dass es *Schwarzenberg* „gelungen ist, das Prinzip der Schuldhaftung dem staatlichen Strafen zugrunde zu legen", auch wenn er „den Schuldbegriff in seiner ganzen Bedeutung und Tiefe gewiss noch nicht erfasst hat".

Schon seit Menschengedenken streitet man über Wesen und Zweck der Strafe: ob sie nur Vergeltung, Wiedergutmachung oder Sühne für vergangenes Unrecht leisten (Repression) oder aber präventiv künftiges Fehlverhalten verhindern soll, letzteres freilich auf unterschiedliche Weise: entweder durch Unschädlichmachung/Besserung des straffällig gewordenen einzelnen Täters (Spezialprävention) oder aber dadurch, dass durch die gerechte Bestrafung des einzelnen Straftäters die vielen anderen Rechtsgenossen ihrerseits von der Begehung von Straftaten abgehalten werden (Generalprävention). Vor diesem Hintergrund kann man im Strafensystem der Carolina trotz ihrer heute unvorstellbaren Härte deutliche Anzeichen zur Berücksichtigung aller dieser Strafzwecke sehen: härtestes Talionsprinzip nach mosaischem „Auge um Auge, Zahn um Zahn" (was man gern übersieht: darin enthalten aber auch das Verbot einer Mehr-Bestrafung, insofern unverkennbar die frühe Forderung nach der Verhältnismäßigkeit der Bestrafung!) ebenso wie Elemente der *Individual*prävention (der Meineidige verliert den Schwurfinger oder

---

[11] Eberh. Schmidt (o. Fn. 2), S. 117. Ausführlich dazu und seither immer noch wegführend dieser Autor zuvor schon in seinem Vortrag vom 27. Juli 1932 vor der Juristischen Fakultät der Berliner Universität: veröffentlicht in der Zeitschrift der Savigny-Stiftung für Rechtsgeschichte: germanistische Abteilung, Band 33 (1933), S. 1ff.

dem Einbruchsdieb wird die Hand abgeschnitten) und schließlich auch Anzeichen erhoffter *General*prävention (am Pranger sieht jedermann die leibesverstümmelten Vorbestraften und denkt sich, das sich fürwahr nicht selber antun zu wollen). Selbstverständlich kann man aber nicht so weit gehen, behaupten zu wollen, dass damit der Verwirklichung dessen, was wir heute das strafrechtliche Schuldprinzip nennen, Tür und Tor geöffnet war. Wohl aber gilt es zu erkennen, dass hier jedenfalls schon die rudimentären Wurzeln unseres heutigen Schuldstrafrechts liegen, demzufolge die Strafe über die reine Übelszufügung hinaus zum sittlichen Vorwurf wird und Maßprinzip der Strafe somit die in der Tat hervorgetretene persönliche Schuld des Täters ist. Damit war ein Fundament geschaffen, auf dem rund 450 Jahre später der Bundesgerichtshof und ihm folgend insoweit dann auch das Bundesverfassungsgericht der Antinomie von Repression und Prävention durch das Bekenntnis zur sog. schuldgerechten Vergeltungsstrafe gerecht werden wollen[12].

---

[12] So erstmals BGHSt. 7, 28 ff und seither gefestigte Rechtsprechung; für viele siehe nur BVerfG 25, 269 ff. und 54, 100 ff.

## III. Blick ins Verfahrensrecht

**1.** Obgleich die Carolina in erster Linie eine Straf*prozess*ordnung und von hier aus verständlicherweise bestrebt war, das „fremde" Recht gerade im **gerichtsorganisatorischen Bereich**, d.h. bei Klärung des **neuen Verfahrensganges** möglichst homogen mit dem althergebrachten germanischen Rechtsgang zu verbinden, muss ich mich hier aus Zeitgründen bescheiden. Immerhin auch dazu drei knappe Aspekte:

**(1)** Im Unterschied zum reinen Parteiverfahren alter Art, wo ein Verfahren durch den Verletzten selbst in Gang gebracht werden musste und letztlich nur mit formalisierten Beweismitteln gearbeitet wurde, konnte das neue Verfahren – obgleich gesetzlich an sich die Ausnahme (Art. 6 bis 10) – jetzt auch „*von der oberkeyt und von ampts wegen*" in Gang gebracht werden, was in der Praxis freilich zunehmend zur Regel wurde[13]. Das vom Verletzten selbst initiierte Verfahren war damit jetzt nicht nur vom Offizialprinzip beherrscht, sondern im weiteren Verlauf zudem auch **streng „inquisitorisch"**, d.h. auf strikte Erforschung der Wahrheit angelegt[14].

**(2)** Obgleich die herkömmliche Unterscheidung in „*richter*" und „*urtheiler*" (Schöffen) an sich beibehalten wurde (Art. 1), kam es letztlich doch schnell zur Aufgabe der deutschrechtlichen Trennung von Verhandlungsleitung und Urteilsfindung. Indem der verhandlungsführende Richter an der Urteilsfindung beteiligt wurde (Art. 8), kam es zwangsläufig zu einem immer stärkeren Übergewicht des (zunehmend) gelehrten Richters dem (durch das neue Recht zunehmend überforderten) ungelehrten „*Urtheiler*" gegenüber. Weiteren Einfluss verlor die Richterbank zudem dadurch, dass sie „*in allen zweiuelichen fellen*" den Rat eines auswärtigen rechtsgelehrten Kollegiums – der „Oberhöfe" (Behörden des Landesherrn), der Rechtsfakultäten oder der mit ausgebildeten Juristen besetzten „Schöppenstühle" – einzuholen hatte (zentral: Art. 219). Hier liegt die Wurzel der sog. **Aktenversendung**„, die bis ins 19. Jahrhundert hinein Anwendung fand. Die maßgebliche Entscheidung lag somit bei dem vorgelagerten rechtsgelehrten Kollegium und nicht beim später entscheidenden peinlichen Gericht (Art. 81 und 94). Weil das Institut der Aktenversendung schließlich die schriftliche Aufzeichnung aller maßgeblichen

---

[13] Dies vor allem auch deshalb, weil dem privaten Ankläger die Anklage in den Art. 12ff. – z.B. durch strenge Sicherheitsleistungen und Bürgschaften außerordentlich erschwert wurde: s. dazu auch Eberh. Schmidt (o. Fn. 2), S. 126.
[14] Einmal mehr grundlegend Eberh. Schmidt (o. Fn. 2), S. 125 ff; s. auch schon Geppert, Der Grundsatz der Unmittelbarkeit im deutschen Strafverfahren (1979), S. 15 ff.

bisherigen Verfahrensergebnisse notwendig gemacht hat, war der Prozess allein schon aus dieser Sicht **weitgehend schriftlich** geworden.

(3) Die inquisitorische Zielrichtung brachte es mit sich, dass der entscheidungsrelevante Sachverhalt nach und nach zusammengetragen wurde und demzufolge nicht alle Beweisaufnahme vor dem vollständig versammelten Gericht stattfinden konnte. Dies musste denn auch nicht zwingend so sein; denn nach Art. 47 war die peinliche Befragung des Beschuldigten nur „*inn gegenwertigkeyt des richters und zum wenigsten zweyer des gerichts und des gerichtsschreibers*" erlaubt und nach Art. 72 konnte die Vernehmung eines Zeugen zudem sogar außerhalb des Gerichts durch von der „*nechsten oberkeyt*" bestellte rechtsverständige „*kundschafft verhörer*" durchgeführt werden. Alles dies musste selbstverständlich peinlich genau protokolliert werden, was zur Folge hatte, dass das später entscheidende Urteiler-Gremium sich mit den bloßen Vernehmungsprotokollen begnügen musste. Der unmittelbare Gesamteindruck der Beweisaufnahme blieb ihm also verschlossen. Somit ging langsam, aber sicher die Unmittelbarkeit der Beweisaufnahme in die Schriftlichkeit der Kommunikation über, woran auch die in hergebrachter Form ablaufende öffentlich-mündliche Schlussverhandlung (der **„endliche Rechtstag"**) nichts Wesentliches geändert hat. Da der Richter ausweislich des zentralen Art. 94 „*die entlichen vrtheyl so also inn schrifften verfasset ist, durch den geschwornen gericht schreiber inn beisein beider partheien offentlich verlesen*" lassen sollte, war damit die Öffentlichkeit der Schlussverhandlung formal an sich gewahrt; weil neue Tatsachen hier aber nicht mehr vorgebracht werden konnten und letztlich nur das bereits schriftlich vorliegende Rechtsgutachten der auswärtigen Kollegen als Urteil zu verlesen war (Art. 81), wird uns hier fürwahr nur die **„Komödie" einer Schlussverhandlung**[15] dargeboten, die erst rund 300 Jahre später durch die Reformbewegung des 19. Jahrhunderts (im Reichs-StGB von 1871 und in der Reichs-StPO von 1877) mühsam ihr Ende gefunden hat.

2. Was nun das **Beweisrecht der Carolina** angeht, fällt das Urteil von uns Nachvorderen deutlich günstiger aus; denn jedenfalls tendenziell – dies vorweg – ist der Carolina die endgültige Abkehr vom formalen Beweisprinzip altdeutscher Art zugunsten differenzierter Beweisregeln nach dem Vorbild oberitalienisch-kanonistischer Indizienlehre alles in allem wohl gelungen[16]. Ziel war die Erforschung der

---

15 So wörtlich schon August von Kries, Lehrbuch des deutschen Strafprozessrechts (1892), S. 33. Auf dieser Linie rund 100 Jahre später auch Wolfgang Schild in seinem Beitrag „Der entliche Rechtstag als das Theater des Rechts", in: Landau/F.-C. Schroeder, Strafrecht, Strafprozess und Rezeption (1984), S. 29 ff.
16 Zusammenfassend und weiterführend neben Eberh. Schmidt (o. Fn. 2), S. 127 ff vor allem Wilfried Küper, Die Richteridee der Strafprozessordnung und ihre geschichtlichen Grundlagen (1967),

materiellen Wahrheit, sollte das erkennende Gericht laut Art. 56 *„in zweifelligen"* Fällen doch erklärtermaßen *„auff den grundt der warheyt kommen"*. Griffiger lässt sich der unseren Strafprozess noch heute beherrschende Amtsermittlungsgrundsatz des § 244 Abs. 2 StPO nicht formulieren, ausweislich dessen das Gericht „zur Erforschung der Wahrheit die Beweisaufnahme von Amts wegen auf alle Tatsachen und Beweismittel zu erstrecken (hat), die für die Entscheidung von Bedeutung sind". Dieser alles in allem positiven Vorwegwürdigung steht im Übrigen auch nicht entgegen, dass die Indizienlehre der Carolina schwergewichtig gerade auf den Gebrauch der Folter – diese vom Gesetz schönfärberisch als „peinliche Frage" bezeichnet – bezogen wird; zu ihren Gunsten sollte nicht vergessen werden, dass *Schwarzenberg* die Folter nicht *er*funden, sondern schon *vor*gefunden hat und erkennbar bestrebt war, ihr gewissermaßen frühe rechtsstaatliche Fesseln anzulegen.

In diesem Kontext kann ich der Versuchung nicht widerstehen, dazu auch *Thomas Mann* zu zitieren, der in seinem ZAUBERBERG (am Rande: der eben in diesem Jahr 2024 seinen 100. Geburtstag feiert) den Schöngeist *Lodovico Settembrini* auch über die mittelalterliche Geschichte des Rechtsganges räsonnieren lässt. Im Gegensatz zu seinem protofaschistischen Gegenspieler *Leo Naphta* sieht *Settembrini* im neuen Prozess der Carolina nachgerade einen „Prozess fortschreitender Rationalisierung", von wo aus der Autor den Mentor von *Hans Castorp* speziell zur Folter sagen lässt,

> dass an die Stelle des alten naiven Rechtsganges der Inquisitionsprozess trat, welcher sich auf Gottes Eingreifen zugunsten der Wahrheit nicht länger verließ, sondern darauf abzielte, vom Angeklagten das Geständnis der Wahrheit zu erlangen. Keine Verurteilung ohne Geständnis … der Instinkt saß tief, die Beweiskette mochte noch so geschlossen sein, die Verurteilung wurde als illegitim empfunden, wenn das Geständnis fehlte. Wie es erwirken? Wie die Wahrheit über alle Anzeichen, allen bloßen Verdacht ermitteln? … War der Geist böswillig, so blieb nichts übrig, als sich an den Körper zu wenden, dem man beikommen konnte. Die Folter, als Mittel, das unentbehrliche Geständnis herbeizuführen, war vernunftgeboten.

Man kann *Thomas Mann* nachträglich nicht tief genug bewundern, woher dieser Mann solches zu Papier bringen konnte.

a) Nach diesem kurzen Blick in die deutsche Literatur zurück zur vielgerühmten **Indizienlehre der Carolina:**

Sie unterschied streng zwischen der Frage, wann und unter welchen Voraussetzungen verurteilt werden durfte, und der davon zu trennenden Vorfrage, wann zum Erreichen eines Geständnisses die Anwendung der Folter erlaubt war. Jedenfalls eine **Verurteilung zu peinlicher Strafe** konnte nicht auf bloße Indizien ge-

---

S. 125 ff. und Ursula Westhoff, Über die Grundlagen des Strafprozesses mit besonderer Berücksichtigung des Beweisrechts (1955), S. 84 ff.; s. dazu auch Geppert (o. Fn. 18), S. 18 f.

stützt werden; sie war nur möglich bei glaubhaftem Geständnis (noch immer galt das römisch-rechtliche Prinzip: „confessio est regina probationum"!) oder jedenfalls bei Überführung durch mindestens zwei Zeugen (zentral Art. 22). Grundlage einer Verurteilung war also in erster Linie das (nur: gerichtliche) Geständnis (Art. 60), das der Richter nach Lage des Einzelfalles sowohl auf die persönliche Glaubwürdigkeit des Beschuldigten wie auch auf die Glaubhaftigkeit seiner Aussage zu überprüfen hatte. Detaillierte Anweisungen hierzu gaben ihm die Art. 48 ff, deren Lektüre nicht nur rechtsgeschichtlichen Wert hat, sondern in vielen Punkten noch heute aussagepsychologisch wertvoll ist. So war dem Richter z. B. nicht nur aufgegeben, nach Motiven zur Tat oder nach Umständen zu fragen, die nur der Täter wissen konnte; in Art. 56 wurde er – heute noch genau so aktuell wie im Jahre 1532 – vor den Gefahren des Vorhalts aus den Akten gewarnt. Für den Fall, dass das Geständnis auf dem „Endlichen Rechtstag" widerrufen würde, ließ Art. 91 jedoch ausdrücklich die eidliche Vernehmung der „zwen geordenten schöpffen" zu, die die „verleßne urgicht (Geständnis) ... gehort haben".

Erst wenn kein gerichtliches Geständnis vorlag, war eine Verurteilung auch möglich bei Überführung durch mindestens „zweyen oder dreien glaubhafftigen guten Zeugen" (Art. 67)[17]. Dabei waren dem Richter in den Art. 63 ff auch hier Hilfen vorgegeben, wann er in diesem Sinn von „genugsamen zeugen" ausgehen konnte; so genügten nach Art. 63 „unbekannte zeugen" beispielsweise nur, sofern sie „redlich und unerleumbt weren". Vor allem aber musste es sich um Tatzeugen im engen Sinn handeln. Dies folgte aus Art. 65, demzufolge Zeugen „von jrem selbs eygen waren wissen" aussagen sollten und es nicht für „genugsam" erachtet wurde, was sie „vonn frembden hören sagen würden". Im Klartext: Der **Hörensagenbeweis** war schlechthin **ausgeschlossen**[18]. Dies folgt wohl auch aus dem Gesamtzusammenhang des Art. 23, wo der Begriff des „gnugsamen" Zeugen ausdrücklich auf die Bekundung der „hauptsach der missethat" und damit auf das bezogen wird, was wir strafprozessual heute als „Haupttatsachen" bezeichnen, die als solche unmittelbar und nicht nur indiziell auf Schuld und Täterschaft einer bestimmten Person hinweisen.

**b)** Fehlte es nicht nur an einem gerichtlichen Geständnis oder am erfolgreichen Überführungsbeweis durch mindestens zwei für „genugsam" erachtete Zeugen, lagen also nur „eynicherley anzeygung, argkwons warzeichen oder verdacht" vor, war eine Verurteilung zu peinlicher Strafe nicht möglich. Ein solchermaßen nur indiziell begründeter Verdacht führte aber leider nicht zum Freispruch, sondern –

---

17 Ausführlicher dazu schon Geppert, Ebel-Colloquium (o. Fn. 1), S. 27 ff.
18 Ausführlich und mit weiterführenden Nachweisen dazu vor allem Geppert, Ebel-Colloquium (o. Fn. 1), S. 30 ff.

man beachte schon damals die verbale Schönfärberei! – allenfalls zur **„peinlichen Frage"**, d.h. zur **Anordnung der Folter.** Die sonst so wortreiche Carolina schweigt sich dazu jedoch aus, welche Foltermittel im Einzelnen erlaubt sein sollen. Doch war der richterlichen Phantasie damaliger Zeit reichlich Raum gegeben, ist in Art. 58 diesbezüglich doch zu lesen: *„vil, offt oder weniger, hart oder linder nach ermessung eyns guten vernünfftigen richters".* Dem Gericht war bei der Wahl der Foltermittel also weithin freier Gestaltungsraum gegeben; nach einschlägiger Literatur waren vor allem Daumen- und Beinschrauben sowie „gespickter Hase", bei dem der Proband über eine mit Zacken versehene Walze gezogen wird, besonders beliebt[19].

Jedenfalls stand die Anwendung der Folter – hierin liegt das große Verdienst der Carolina, was in ihrer Wirkung für die Rechtskultur der nachfolgenden Jahrhunderte nicht hoch genug einzuschätzen ist – nicht im Belieben des Richters, sondern setzte nach heutiger Sprachart hinreichenden Tatverdacht, in der Sprache der Carolina: *„redlich anzeygen der mißthat"* voraus (Art. 20). Doch berechtigten diese Indizien zur Folter nur, wenn sie zum einen eben „gnugsam" (Art. 22) und zum andern *„für bewisen angenommen"*, d.h. bewiesen waren (Art. 45). Nicht zuletzt aus diesem zusätzlichen Erfordernis erfolgreicher *„beweisung"* folgt die ausdrückliche Pflicht des erkennenden Gerichts zur Wahrheitsermittlung und zu gewissenhafter Prüfung der einzelnen Folterungsvoraussetzungen. Zur weiteren Klarstellung weist Art. 28 im Übrigen vorweg ausdrücklich darauf hin, dass *„die ursachen des argkwons grösser seind dann die ursache der entschuldigung",* die Indizien für und wider den Beschuldigten also sorgfältig gegeneinander abzuwägen sind. Ein Beispiel für viele: Der des Mordes Verdächtige durfte gefoltert werden, wenn er *„um die selbig zeit, als der Mordt geschehen verdechtlicher weiß mit blutigen kleydern oder waffen gesehen"* wurde oder Habe des Getöteten bei sich hatte: dies jedoch nur, sofern er keine glaubhafte Begründung dafür geben konnte (Art. 33).

Kam es ohne ausreichende Indizien zur Anwendung der Folter, durfte das Geständnis nicht als Urteilsgrundlage verwendet werden (frühes Beweisverbot nach Art. 18 bis 20!). Maßgeblich war zudem auch nicht das unter dem Druck der Folter *unmittelbar* abgelegte Geständnis, durfte dieses doch nur verwertet werden, wenn der Angeklagte das durch den Gerichtsschreiber zu Papier gebrachte Geständnis nach Beendigung der Folter (Art. 58: *„so er von der marter gelassen"*) anderntags (Art. 56: *„zum minsten über den andern oder mer tag nach der marter"*) bestätigt hat.

Leider findet sich in der Carolina aber keine Vorschrift zur Frage, ob die Folter überhaupt oder unter welchen Voraussetzungen und ggf. wie oft sie wiederholt werden darf. Das ist natürlich mehr als nur ein leidiger Schönheitsfehler, sondern

---

[19] Weiter dazu Edwin Kube, Beweisverfahren und Kriminalistik in Deutschland (1964), S. 73 ff.

**die zentrale Fehlleistung** der Carolina. So bleibt es nach Art. 58 bleibt leider einmal mehr *„nach ermessung eynes guten vernünfftigen richters"* diesem überlassen, wie *„vil, offt oder wenig, hart oder linder"* er die peinliche Frage wiederholen darf, womit die in *Thomas Manns* „Zauberberg" hochgerühmte „vernunftgebotene" Folter der Peinlichen Halsgerichtsordnung Karls V. natürlich viel von ihrem Glanz verliert!

## IV. Entwicklung seit 1532 bis zum Inkrafttreten des StGB von 1871 und der StPO von 1877

**Wie ging es nach dem Jahre 1532 weiter?** Die Folter jedenfalls hatte noch lange Bestand in unserem Land, war es doch bekanntlich erst rund 200 Jahre später Friedrich der Große, der mit Regierungsantritt (1740) die Folter endgültig abgeschafft hat; das war damals mutig, weil andere deutsche Länder an der Folter sehr wohl noch länger festgehalten hatten[20]. Hatte die Carolina Mündlichkeit und Unmittelbarkeit der Beweisaufnahme als Regelform wenigstens noch dem Schein nach aufrechterhalten, war es der Folgezeit vorbehalten, den Prozess der Carolina in der täglichen Praxis dieses Scheins endgültig zu entkleiden und ihn zu dem zu machen, was unter der – eher pejorativen – Bezeichnung **„geheimer schriftlicher Inquisitionsprozess (all)gemeinen Rechts"** letztlich rund 300 Jahre in Deutschland die Strafrechtspflege beherrscht und erst durch die Reformbewegung des 19. Jahrhunderts ein Ende gefunden hat.

Diese Entwicklung ging natürlich nur allmählich und mit fließenden Übergängen vonstatten. Immerhin wird man in diesen rund 300 Jahren zwei Schwerpunkte unterscheiden können, anhand deren man diese Entwicklung verdeutlichen kann. Ein erster Abschnitt ist mit dem Namen *Benedikt Carpzow* (1595 bis 1666) verbunden und ein zweiter kann an die partikularrechtlichen Kodifikationen insbesondere Preußens (1805) und Bayerns (1813) geknüpft werden[21]:

(1) Ihren wohl endgültigen Abschluss hat die Rezeption italienisch-kanonischen Rechts in den Arbeiten *Carpzows* gefunden, der in seinen „Practica nova imperialis saxonica rerum criminalium" die Spruchpraxis des Leipziger Schöffenstuhls und der Leipziger Rechtsfakultät (deren beider langjähriges Mitglied er war) so zusammenfasste und publizitierte, dass dieses Kompendium praktisch ein Jahrhundert lang gesetzliches Ansehen genoss. Man unterschied zwischen einem ersten Verfahrensabschnitt (der „Generalinquisition"), die an sich als Schutzmaßnahme zugunsten des Beschuldigten vor allem der Frage diente, ob eine bestimmte Tat überhaupt als Straftat zu werten ist und wer als Täter in Betracht kommt. Der Beschuldigte wurde auch hier schon vom Inquirenten verhört, doch noch nicht der Folter unterworfen. Das war erst im nachfolgenden Abschnitt (der „Spezialinquisition") möglich, wobei der Untersuchungsrichter der „Generalinquisition" meist auch Mitglied des später entscheidenden Gerichts war. Der gesamte Prozessstoff des

---

20 So entschloss sich Maria Theresia für Österreich erst im Jahre 1776 zur Aufgabe der Folter: nach Kries, Lehrbuch des Deutschen Strafprozessrechts (1892), S. 46.
21 Weiterführend vor allem Eberh. Schmidt (o.Fn. 2), S. 194 ff.; mit weiterführenden Nachweisen auch Geppert, Grundsatz der Unmittelbarkeit (o.Fn. 18), S. 19 ff.

letztlich zweimal vernommenen Beschuldigten wurde im Wege des sog. „Artikelverhörs" aufgelistet, wo der fehlende unmittelbare Eindruck von den personalen Beweismitteln durch die schon aus der Carolina bekannten Gebärdenprotokolle (Haltung, Miene, Gesten, Erröten, Stammeln oder Widersprüche etc.) ausgeglichen werden sollte.

Die Folter wurde mit den vielen Jahren und Jahrzehnten etwas abgebaut. Sie blieb nur schwereren Taten vorbehalten, wurde dafür aber an leichtere Voraussetzungen geknüpft. Dabei änderte sich allmählich aber auch das Beweisrecht. Das Geständnis blieb zwar die Königin der Beweise („confessio est regina probationum"), die ehemals nicht zwingenden Beweisregeln der Carolina, die dem Richter bei Beweis*würdigung* noch erstaunlich viel Freiraum zugestanden hatten, verfestigten sich im Lauf der Zeit jedoch zu weitgehend zwingendem Recht. Wo es auch trotz Folter nicht zu einem Geständnis kam, übernahm *Carpzow* aus dem kanonischen Recht die sog. „poena extraordinaria", die letztlich nichts anderes war als eine Verdachtsstrafe mit geringerer Beweisstrenge und mit verringerten Strafen. Wo es nicht einmal für eine solche Verdachtsstrafe reichte, ließ man – wiederum am kanonischen Recht anknüpfend – die Entbindung von der Instanz („absolutio ab instantia") zu, mit der das Verfahren bis zur Beibringung neuer Beweis nur vorläufig eingestellt wurde. Die Idee der Bestands- oder gar der Rechtskraft war dem damaligen Recht fremd.

(2) Im Gefolge des Absolutismus nahm diese Entwicklung ihren verständlichen Fortgang. Die Trennung von General- und Spezialinquisition sowie die damit verbundene Doppelarbeit zweimaliger Vernehmung wurde als überflüssig aufgehoben und der einmaligen Vernehmung im Vorverfahren (!) der Vorzug gegeben, womit natürlich auch der Verzicht auf das Artikelverhör verbunden war. Der Untersuchungsrichter, der jetzt klar vom erkennenden Gericht getrennt war, fasste die Ergebnisse seines „summarischen" Verfahrens in Schriftsätzen zusammen, die auf die von ihm für geboten erachtete Anklage passten und dann quasi zielgerichtet dem entscheidenden Richterkollegium zugeleitet wurden, das dann seinerseits ausschließlich nach Lage der Akten entschied, ohne den Beschuldigten oder die Zeugen persönlich gesehen oder gehört zu haben. Häufig war es der Vielzahl der Verfahren geschuldet, dass nur *ein* Mitglied des Kollegiums (der Referent) die gesamten Akten las und dem Rest des Spruchkörpers zusammen mit seinem Urteilsvorschlag nur eine kurze Zusammenfassung des entscheidungsrelevanten Prozessstoffes gab; wiederum wird man vermuten dürfen, dass der Berichterstatter in aller Regel die Punkte hervorhob, die nach seiner Beurteilung des Falles entscheidungsrelevant waren. Das erkennende Gericht nahm also Kenntnis letztlich nur aus dritter Hand, der Prozess war nahezu ausschließlich „schriftlich" und nur „mittelbar" insofern geworden, als das letztentscheidende Gericht seine Erkennt-

nisse von der Tat und dem Täter nur über Referent und Akten vermittelt erhalten hat.

In dieser Form hat denn auch der allseits bekannte **geheime schriftliche Inquisitionsprozess gemeinen Rechts** mit im einzelnen nur geringfügigen Abweichungen in den Partikulargesetzen des ausgehenden 18. und des beginnenden 19. Jahrhunderts seinen gesetzlichen Niederschlag gefunden. Statt vieler stehen dafür z. B. das österreichische „Strafgesetz über Verbrechen und schwere Polizeiübertretungen vom 11. Dezember 1805[22], die preußische „Criminalordnung" vom 11. Dezember 1805 und der Zweite Teil des „Strafgesetzbuches für das Königreich Bayern" vom 1. Oktober 1813. Der Strafprozess war damit letztlich zum Geheimverfahren unter Ausschluss des Angeklagten und jedweder Öffentlichkeit geworden.

Ein Ende fand diese Entwicklung erst rund drei Jahrhunderte später unter dem Einfluss einer literarischen Reformbewegung in Deutschland, die nicht denkbar ist ohne die Einflüsse, die sie insbesondere aus dem benachbarten Frankreich und aus dem angelsächsischen Rechtskreis erfahren hat[23]. Eben diese Reformbewegung des 19. Jahrhunderts hat denn auch zu unserer heutigen Strafrechts- und Strafverfahrensordnung geführt, die im Reichs-StGB von 1871 und in der Reichs-StPO von 1877 ihren Anfang genommen hat. Trotz vieler zwischenzeitlicher Novellen und Erweiterungen ist diese unsere Strafrechtsordnung jedenfalls im System letztlich gleich geblieben und lässt wohl noch immer manche gemeinsamen Wurzeln aus des guten Kaiser Karls V. „Peinlicher Halsgerichtsordnung" erkennen.

---

22 Vorläufer dieses Gesetzes waren die „Constitutio Criminalis Theresiana" (1768) sowie das „Allgemeine Gesetz über Verbrechen und derselben Bestrafung" von 1787 (die sog. „Josephiana").
23 Weiterführend und mit weiteren Nachweisen Geppert, Grundsatz der Unmittelbarkeit (o. Fn. 18), S. 24 ff.

# Zum Autor

**Klaus Geppert**, geboren am 10. März 1941 in Freiburg im Breisgau, verheiratet, drei Kinder.

Studium der Rechtswissenschaften in Freiburg und München mit Abschluss des Ersten (1963) und des Zweiten juristischen Staatsexamens (1968) in Freiburg. 1967 Promotion und 1976 Habilitation an der Albert-Ludwigs-Universität Freiburg und dort je betreut von Univ.-Prof. Dr. Rudolf Schmitt. 1976 Wiss. Rat und Professor an der Universität zu Köln. Seit Oktober 1976 bis zur Emeritierung im Jahre 2009 **Univ.-Professor für Straf- und Strafverfahrensrecht an der Freien Universität Berlin** (dort auch Dekan und mehrfach Prodekan) – ehrenvolle Rufe an die Universitäten von Bielefeld und Würzburg abgelehnt – Betreuer von drei Habilitationen und 38 Promotionen. Bis zur Emeritierung viele Jahre ständiges Mitglied im Deutschen Verkehrssicherheitsrat und im Deutschen Juristenfakultätentag sowie über viele Jahre hinweg auch Referent, Arbeitskreisleiter und Podiumsdiskutant im Rahmen der Goslarer Verkehrsgerichtstage.

Als Richter im sog. „zweiten Hauptamt" zugleich auch **Richter in einem Straf- und Bußgeldsenat des Kammergerichtes** (1982 bis 2002); **Festschrift für Klaus Geppert** zum 70. Geburtstag am 10. März 2011. 2003 bis 2019 **Präsident der Juristischen Gesellschaft zu Berlin**.

**Selbständig erschienene Bücher:**
Die Bemessung der Sperrfrist bei der strafgerichtlichen Entziehung der Fahrerlaubnis (Berlin 1968): zugleich Diss. jur. Freiburg i. Brg.
Freiheit und Zwang im Strafvollzug. Gedanken zur ärztlichen Zwangsbehandlung von Strafgefangenen (Tübingen 1976).
Der Grundsatz der Unmittelbarkeit im deutschen Strafverfahren (Berlin 1979): zugleich Habil.-Schrift Freiburg i. Brg.
Die ärztliche Schweigepflicht im Strafvollzug (Berlin 1983).

**Kommentierung** der §§ 44, 69 bis 69b und 142 StGB in der 11. und 12. Auflage des Leipziger Kommentars zum StGB.
**Mitwirkung am Alternativ-Entwurfes eines Strafgesetzbuches:** Besonderer Teil: Straftaten gegen die Person/2. Halbband (Tübingen 1971) und eines Strafvollzugsgesetzes (1973).
Zahlreiche **Festschriftbeiträge, Aufsätze und Entscheidungsanmerkungen** zu den unterschiedlichsten Bereichen des materiellen ebenso wie des Strafverfahrensrechts (häufig auch mit rechtsgeschichtlichen Bezügen).

# Schriftenreihe der Juristischen Gesellschaft zu Berlin

Mitglieder der Gesellschaft erhalten eine Ermäßigung von 40 %

Heft 193 **Brauchen wir ein drittes Geschlecht?** Von Prof. Dr. TOBIAS HELMS. 36 Seiten. 2015. € 19,95

Heft 194 **Der Prozess Jesu – Aus römisch-rechtlicher Perspektive.** Von Prof. Dr. CHRISTOPH G. PAULUS. 36 Seiten. 2016. € 29,95

Heft 195 **Abstammung und Verantwortung.** Von Prof. Dr. NINA DETHLOFF. 21 Seiten. 2017. € 29,95

Heft 196 **Der digitale Pranger.** Von Dr. ULRICH FRANZ. 33 Seiten. 2018. € 29,95

Heft 197 **Sollbruchstellen des deutschen, europäischen und internationalen Flüchtlingsrechts.** Von Prof. Dr. DANIEL THYM. 50 Seiten. 2019. € 29,95

Heft 198 **Reform des deutschen Namensrechts.** Von Prof. Dr. ANATOL DUTTA. 56 Seiten. 2020. € 29,95

Heft 199 **Gentrifizierung als Rechtsproblem – Wohnungspolitik ohne ökonomische und rechtsstaatliche Leitplanken?** Von Prof. Dr. JÜRGEN KÜHLING. 78 Seiten. 2020. € 29,95

Heft 200 **Der russische Angriffskrieg gegen die Ukraine und das Völkerrecht.** Von Prof. Dr. FELIX LANGE. 29 Seiten. 2023. € 29,95

Heft 201 **Zur Aktualität der Privatrechtstheorie Adolf Reinachs.** Von Prof. Dr. MARIETTA AUER. 52 Seiten. 2024. € 29,95

Heft 202 **Das SED-Unrecht und seine strafrechtliche Verfolgung.** Von HANSGEORG BRÄUTIGAM. 30 Seiten. 2024. € 29,95

Heft 203 **Überlegungen zu einer Reform des Arbeitskampf- und Schlichtungsgesetzes.** Von Prof. Dr. CLEMENS HÖPFNER. 40 Seiten. 2025. € 29,95

Open Access. © 2025 Klaus Geppert, publiziert von De Gruyter. Dieses Werk ist lizenziert unter einer Creative Commons Namensnennung – Nicht kommerziell – Keine Bearbeitung 4.0 International Lizenz.
https://doi.org/10.1515/9783111719689-004

www.ingramcontent.com/pod-product-compliance
Lightning Source LLC
Chambersburg PA
CBHW071941240426
43669CB00048B/2549